Noctu

Giovanni Bracco

I'm grateful to Federica Giovannelli who took me by the hand and accompanied me, who edited and worked closely with me on the English texts, who inspired the musicality of the translations from Italian with rare sensibility and knowledge. Without Federica this book wouldn't have been possible.

This work is dedicated to her.

g.b.

Souls at night

Midnight, the moon
and the Pleiades have set,
the hours pass on and I lie alone.

Sappho

Tramontate la luna e le Pleiadi,
nel mezzo della notte,
trascorre il tempo. E io giaccio sola.

Saffo

***

Sleep descended on Odysseus' eyes
tender, unwaking, deathlike.

Homer, *Odyssey*, XIII

Scese il sonno sugli occhi di Odisseo
dolce, profondo, simile alla morte.

Omero, *Odissea*, XIII

In the kitchen

for Graziano Conversano

The days get mixed up. The uniformity
of January's clear start
is freezing the perceptions. In the kitchen
the concrete slab abutting
the balcony is a trapezoid
with colored tile shards:
like a call to the stars.
I didn't foresee the absence
of a compass, a sextant.

In cucina

a Graziano Conversano

Si confondono i giorni. L'eguaglianza
di questo terso avvio di gennaio
le percezioni assidera. In cucina
il pavimento prima del balcone
è un trapezio in massetto di cemento
con schegge di piastrelle colorate:
un invito alle stelle. Non previdi
l'assenza di una bussola, un sestante.

The mistral blow'd up bolls
but now it is appeas'd and clears the stars.
Placid, intact the firmament revolves.

Rigonfiava batuffoli il maestrale.
Ora è placato e libera le stelle.
Placido ruota, intatto, il firmamento.

Stars that lit up a particle of heaven,
how long have you been waiting
for me to look at you,
perhaps now dying stars,
beyond the mature walnut?
Vague sentries of this and other lives,
along with other stars.

Stelle che rischiaraste una particola
di cielo, da quanti anni aspettavate
ch'io vi guardassi, forse moribonde,
stelle in quest'ora oltre il noce maturo?
Di questa vita vaghe sentinelle
e di altre vite, insieme ad altre stelle.

And now there is more silence,
the brackish, cool breeze whirls over the seashore
and every infatuation is like gravel
crumbling away in the backwash.

Ora c'è più silenzio, la salmastra
frescura frulla sopra la marina
e ogni infatuazione
è ghiaia che si sgrana alla risacca.

As time goes by

Car lights chase one another
bustle of strangers, glazed looks. We are
devoid of signs, of words,
just a grin to sort out another night.

As time goes by

Si rincorrono molti
fanali di automobili,
viavai di gente estranea,
sguardi vetrificati.
Sprovveduti di segni e di parole,
solo un ghigno a risolvere la sera.

It's nine p.m., the mischievous new moon
already has gone to sleep behind the building
site, as if on a hammock.
Similar to a naked
young woman in a painting,
it inhibits and lures, factors in every
brazen look, freezing it
in a silent enchantment.
But the seagulls, like dogs,
fight for the garbage on top of the shed.

Sono le nove e già si è coricata
dietro al cantiere, come su un'amaca,
maliziosa la crescente luna.
Simile a donna nuda in un dipinto,
adesca ed inibisce,
mette nel conto ogni sfrontato sguardo
fermandolo in un silenzioso incanto.
Ma come cani
si azzuffano i gabbiani
per l'immondizia in cima alla rimessa.

for Elio Pecora

I remember your voice tonight, that watchful
calm of he who can dominate the anxiety
about retracing maps
while he cradles the enduring and the staying.

a Elio Pecora

Questa sera ripenso alla tua voce,
quella vigile calma di chi sa
dominare l'affanno
del ritracciare mappe
mentre culla il resistere e il restare.

Shooting stars, I've been waiting
at length for you tonight even without
glasses, to give an even dreamier feel
to the wait and the yearning.
In the dark, from the garden
I heard a bad nut fall.

Vi ho aspettato a lungo questa notte
stelle cadenti, anche senza occhiali,
per dare un tono ancora più sognante
all'attesa e al pronto desiderio.
Dal giardino, nel buio,
ho sentito cadere
solo una noce marcia.

Slag

Crumbs of tobacco on Montale's book.
A breath along with the shrewd little finger
disperses them. The slag
over the heart is hard.

Scorie

Briciole di tabacco
sul libro di Montale.
Un soffio accompagnato dallo scaltro
mignolo le disperde.
Le scorie sopra il cuore sono dure.

What else? Cheeping, apart
from each other, yet crouched
as if in a cold nest
in this unbounded darkness.

Cos'altro? Pigolare,
distanti gli uni, gli altri, accovacciati
come in un nido freddo
in questa smisurata oscurità.

Now that I've got a lot
and even more I've taken,
the old urge to reshuffle
has waned. Stronger is the fear of suffering.

Ora che molto ho avuto
e moltissimo ho preso, è assopita
l'antica smania di rimescolare.
Più forte è la paura del dolore.

for my daughter Rita

The little pink fur sheep
with the stretched paw hanging from the bedhead
where your great-great-grandfather
used to lay his pocket watch, looks after
the sameness of your sleep, within the breath
of generations.
And you in dreams emit garlands of sparks.

a mia figlia Rita

La pecorella con la zampa tesa
di pelo rosa, appesa
in capo al letto, dove il tuo trisavolo
teneva l'orologio da taschino,
veglia sull'eguaglianza del tuo sonno,
dentro al respiro di generazioni.
E tu in sogno sprigioni
ghirlande di scintille.

The mirror

The ipad's black screen mirror
reflects a tanned image
of me, few details, just my tired eyes.
The wall dish rack with chipped, pale blu, yellow
red pots hanging from it,
faithfully describes me.

Lo specchio

Lo schermo specchio nero dell'ipad
riflette una mia immagine abbronzata,
pochi dettagli, solo gli occhi stanchi.
La piattaia, con le pentole sbreccate
rosse, celesti, gialle alla parete
di fronte mi descrive fedelmente.

Our dim moon is a poor streetlight in Naples
filtering through the valves
of the window. In our
own reality of shadows,
I do not feel like believing it is
a milky quarter of a fairy tale.

La nostra luna è un lampione a Napoli
che filtra dalle valve del balcone.
In questa nostra verità di ombre
non ho voglia di crederla
quarto lattelucente di una favola.

Saturday in my half-sleep
I turn'd over the idea of your arms
so far away, two long,
quiet levers, the color of the desert,
amber, honey and, as
in the desert, the vision
for the distance fades into almost liquidness,
as harmonics through organ
pipes, the idea vanished
and the reverberation of the honey.

Nel dormiveglia sabato
ripensavo all'idea delle tue braccia
così lontane, lunghe leve calme
colore del deserto, ambra, miele
e, come nel deserto la visione
per la distanza sfuma quasi liquida,
come per canne d'organo gli armonici,
l'idea svanì e il riverbero del miele.

Passing drunks sing "Oh love, my love" out loud
down the street that grew calm.
Further away reddish vapors arise,
heavy with ominous omens. Now is
the time to ask yourself if it's worth mumbling
a curse and yet surrender
to the blast of the daylight.
I was stubbornly confident
that love should never wind up
enervated and snarling
with the drunken man's barking.

A squarciagola cantano
amore, amore mio
gli ubriachi di passaggio
nella strada ch'era quasi acquietata.
Più distanti si levano vapori
rossastri, gonfi di presagi infausti.
È l'ora buona a chiedersi se valga
il mormorare una maledizione
per poi arrendersi allo squillo del giorno.
Cocciutamente avevo confidato
che mai l'amore dovesse ridursi
ringhioso e sfibrato
dentro i latrati di un avvinazzato.

Lying in bed, I can't
discern the humming murmur of the night.
There is a part of Rome that does not sleep:
I go to shut the window in the kitchen,
the silence makes it easier to draw balances.
Under last bottle's neck
a dried tear of wine's left.

Steso a letto mi sembra indecifrabile
il rumore di fondo della notte.
C'è una parte di Roma che non dorme:
mi alzo e chiudo la finestra in cucina,
il silenzio facilita i bilanci.
Sotto il collo dell'ultima bottiglia
resta una lacrima di vino secca.

With the breathing exposed to all corruptions,
the dark night commands us to deeply sleep
even between the drowse
and the fear to lose control, the delusion
of a dawn almost imminent, mendacious.

Col soffio esposto ad ogni corruzione
ci comanda la notte al lungo sonno
anche tra il dormiveglia e la paura
di perdere il controllo o l'illusione
di un'aurora ormai prossima e bugiarda.

With the weary hand resting on my sternum
I listen to my heart. But it's as if
it were beating elsewhere.
The body is lying, doesn't look for directions,
like a hardened flower.
Every night the corolla closes up.

Con la mano appoggiata sullo sterno
ascolto il mio cuore.
Ma sembra come se pulsasse altrove.
Il corpo è disteso,
non cerca direzioni,
come un fiore indurito.
La corolla ogni sera si richiude.

Every night I rerun my death. Then soon
I seek myself a caress by the cooler
side of the pillow.

Ogni sera ripenso alla mia morte.
Poi subito mi cerco sul cuscino
dalla parte più fresca una carezza.

Birds

It's known that the departed souls are twirling
in a place of the spirit.
When I'll be flying away, you will point out
the spiral of the hawk.

È noto che le anime dei morti
volteggiano in un luogo dello spirito.
Quando m'involerò, additerai
la spirale del falco.

Upon a strip of slime
clear of reeds and of bulrushes
in the river Tanagro's lazy waters
a standing, lonely stork
is delaying its migration. I don't know,
while studying it from the top of the bridge,
caress'd by a cool breeze in late October,
if it is waiting for a flock in transit
or regarding the hills on which my birthplace
lies, with its roomy stairs, greenish for dampness
despite the shining sun
on its banner, its summertime, the way
I observe them before leaving.
Every return cures me and it's a sorrow.

Ritta sopra una lingua di fanghiglia
libera dalle tife e dalle canne
nelle acque impigrite del Tanàgro,
una cicogna tarda,
solitaria, a migrare. Ed io non so,
scrutandola dal ponte accarezzato
da un venticello fresco a fine ottobre,
se attenda uno stormo di passaggio
o guardi le colline
sulle quali è poggiato il mio paese
dai gradoni verdastri,
umido nonostante il sole pieno
del suo stendardo, delle lunghe estati,
come io le guardo prima di partire.
Mi cura ogni ritorno ed è un dolore.

The gull over the roof and me in the kitchen,
we are the only ones
looking at all the pearl's tones in the changeable
evening of this fickle May.
But unlike me, the haughty
friend has got certain tracks.

Il gabbiano sul tetto e io in cucina
siamo i soli a guardare
tutte le intonazioni della perla
nella sera mutevole
d'un maggio capriccioso.
Ma, al contrario di me, il fiero amico
tiene per sé sicure traiettorie.

Every morn, yellow-beaked blackbird, when
the darkness is dispell'd by the first light,
you come ransacking my pot of begonias.
I don't know what you're after, what you find.
I have my cup of coffee, I hoist the sail,
I set out in search, I dispel the troubles,
sometimes I find a word.

Merlo dal becco giallo, ogni mattina
quando il chiarore dissipa lo scuro
frughi nel vaso delle mie begonie.
Non so che cosa cerchi, cosa trovi.
Io bevo il mio caffè, alzo la vela,
mi metto in cerca, dissipo i pensieri
e qualche volta trovo una parola.

The sparrows chasing
wild decoys draw
upon the ploughed fields
of presences ephemeral projections.

I passeri inseguendo
pazzi richiami tracciano
sui campi arati fatue
proiezioni di presenze.

It looks like it is crying
the lonely seagull landed here tonight
on top of the garage, in search for garbage.
Every wailing, it flails. Just like me.

Sembra che pianga stanotte il gabbiano
planato solitario sul solaio
della rimessa in cerca di immondizia.
Ogni vagito, annaspa. Come i miei.

What is the rooster crowing about after
midnight? Not about me.
It's a dispute with other
roosters in more far-away chicken coops.
On the darkened dial of the clock
the minute hand moves forward. If it only
had a bit of compassion.

Quali richiami il gallo alla controra?
Non a me. È una disputa
con altri galli in pollai più lontani.
Sul quadrante scurito
della pendola avanza la lancetta
lunga. Avesse un poco di pietà.

It's Sunday but it does not feel like it.
If it weren't for the silence. Or 'cause
I've all the time to observe
the distance of the frozen
fields steaming in the valley.
But I learned that even
the sleepless hens, unbound
in the withered garden,
use to look for a bedding where to pause.

Oggi è domenica, e non pare.
Se non fosse il silenzio.
O perché ho tutto il tempo di osservare
la lontananza dei campi gelati
fumanti nella valle.
Ma ho scoperto che anche le galline,
sciolte nell'orto rinsecchito, insonni,
si cercano un giaciglio in cui sostare.

The amber little streetlights of Villeneuve
have been made to the likeness
of the eagle owl's eyes, its proud and pleading
gaze (le grand-duc, what a charming French name)
staring at me with its ascending eyebrows
from the cage in the Valle
d'Aosta animal park.
After dinner, girls playing
with dolls, of life unrivalled birds of prey.

I lampioncini ambra di Villeneuve
son tarati sugli occhi, sullo sguardo
fiero e implorante del gufo reale
(che bel nome in francese: le grand-duc)
che mi fissava con le sopracciglia
svettanti dalla gabbia
nel parco d'animali valdostano.
Bambine, dopo cena,
col loro gioco libero alle bambole,
di vita ineguagliabili rapaci.

At dusk there is a riot
of thirsty sparrows in the laurel bush.
The old walnut spreads out
with soft arrogance over a wide space.
Profiles of chimney pots
and eaves on the ridge bone of the houses.
A call from afar, the heat softens it.
And this air that unites and does not part.

Nella macchia di alloro verso sera
è un tripudio di passeri assetati.
Il noce si distende in uno spazio
largo con una dolce prepotenza.
Sagome di comignoli e grondaie
sul costone di case. Da lontano
un richiamo, lo smorza la calura.
E quest'aria che unisce e non divide.

The dark night of the soul

Mediterranean, migrants

And such as he is, who is glad to gain,
and who, when times arrive that make him lose,
weeps and is saddened in his every thought;

such did that peaceless animal make me,
which, 'gainst me coming, pushed me, step by step,
back to the place where silent is the sun.

Dante, *Inferno*, I
(translation by Courtney Langdon,
Cambridge Harvard University Press)

E qual è quei che volontieri acquista,
e giugne 'l tempo che perder lo face,
che 'n tutti i suoi pensier piange e s'attrista;

tal mi fece la bestia sanza pace,
che, venendomi 'ncontro, a poco a poco
mi ripigneva là dove 'l sol tace.

Dante, *Inferno*, canto I

The sea has quieted down now and the waves
are rocking me so gently to the surface.
I must admit I haven't fought a bit,
too divergent the forces in the storm.
You'll never know if it is the compassion
of the Mediterranean sea or its
blind apathy that solved all my sorrows
and some exhausted longing.
Bury me with my clothes.
Stones of dates will blossom out of the pockets,
seeds of acacia, millet and sweet basil.

Ora che si è calmato e il movimento
delle onde mi culla in superficie
devo ammettere che non ho lottato
nemmeno un poco, troppo divergenti
le forze in campo in mezzo alla tempesta.
Voi non saprete mai se è la pietà
del mare o la sua cieca indifferenza
ad avere risolto ogni mia pena
e qualche desiderio ormai sfibrato.
Interratemi coi vestiti miei.
Dalle tasche germoglieranno datteri
semi d'acacia, miglio e di basilico.

All forgiven. I'm drawing
the waters of the oblivion.
I leave a body stranded on a beach
with other human wretches, under guard.
White shrouds laid out
over the fever
of frighten'd eyes not even
reaching the edge of your besieged fortress.
Being left here with no name
does not deprive a man of his significance.
But there is still the matter
with the unfulfill'd lives,
the innocence of the unwanted.

Tutto è rimesso. Attingo
alle acque dell'oblio.
Lascio un corpo spiaggiato
e sorvegliato a vista
assieme a quelli di un'altra dozzina
di scarti umani, banditi da tutto,
teli bianchi distesi
sulla febbre di occhi impauriti
giunti nemmeno ai margini
delle vostre cittadelle assediate.
Restare senza nome
non priva l'uomo di significati.
Rimane aperto il conto
con le vite inespresse,
l'innocenza dei non desiderati.

The sea deposed me down from the cross
with tired arms, wide open,
unarmed like Mantegna's Christ. But I
was not bringing the idea of redemption,
other salvation urged to my twenties.
The Maries are approaching
the shore to lay the shroud.
To hide the signs
of your defeat.

Il mare mi ha deposto dalla croce
con le braccia sfinite, ancora larghe,
inerme come il Cristo di Mantegna.
Ma non portavo idea di redenzione,
altra salvezza urgeva ai miei vent'anni.
Già muovono alla spiaggia le Marie
per stendere il sudario.
Per occultare i segni
della vostra disfatta.

If you stumble upon a lonely shoe
on skeins of dry and rattling posidonia,
please give shelter to it
at the feet of the rocks
where the capers get fat. I do not think
there is more of me left.
This sea water wears down, does not wash up
but at least now my feet
don't get mingled with any sand and dust
and the shoe won the right,
the liberty to wait for
the bud to open into a flower white.

Se una scarpa spaiata su matasse
di posidonia secca e crepitante
capita ai vostri passi, per favore
riparatela ai piedi delle rocce
dove ingrassano i capperi.
Altro di me non credo che rimanga.
Questo mare corrode e non deterge,
ma almeno adesso i piedi
non si impastano più di sabbia e polvere
e la scarpa ha conquistato il diritto,
la libertà di attendere
che il bocciolo dischiuda un fiore bianco.

I was ready to slave in building sites
not to dodge the cruel hisses
of the whips. When the smugglers
felt the impending end, they
lashed us overboard.
In the turmoil of languages,
of screams, of blood and salt,
I don't know if the lightening
manoeuvre worked well.
I've only tried to swallow the last curse,
addressing God with smiles.
But I don't know if this unbounded quiet
is the promised prize
with no motherly kiss over my eyes.

Ero pronto a sgobbare sui cantieri,
non a schivare il sibilo
delle cinghiate. Quando gli scafisti
hanno intuito la fine imminente,
ci hanno frustato per buttarci a mare.
Nel tumulto di lingue,
di urla, sangue e sale
non so se la manovra
di alleggerimento sia riuscita.
Ho soltanto provato
ad ingoiare l'ultima bestemmia,
anzi, ho sorriso a Dio. Ma non so
se questa immensa quiete
sia esattamente il premio promesso
senza il bacio sugli occhi di mia madre.

The dark tide hits the shore with lavish harvests
of posidonia drenched
in salt. My mouth was scorched
in a pain that paired me with the hero
of the Myth, but I had
no guilt to atone for, no sin of pride.
In your roaring and ardent
outrush, sea with no mercy for the thirsty,
you turned me around among dead algae
while within you I was dying dehydrated.

L'onda scura si abbatte sulla riva
con la copiosa messe
di posidonia satura di sale.
Ebbi la bocca riarsa nel supplizio
che mi accostava all'eroe del mito
ma non avevo colpa da espiare,
non avevo peccato di superbia.
Nello slancio tonante e impetuoso,
mare senza pietà per l'assetato
mi hai mulinato insieme alle alghe morte
mentre morivo in te disidratato.

I had a dream
- 'twas about sex -
that I'm ashamed
even now to tell you.
But then the raft
went upside down and she
all of a sudden,
after looking at her
all the time: she was gone,
as we lost sight
of one another
in the time the close lightning
pulls the leash on its thunder.

Avevo un sogno
che mi vergogno
perfino adesso
- era di sesso -
a riferirvi.
Ma poi il canotto è andato a gambe all'aria
e lei, improvvisamente,
dopo averla guardata tutto il tempo:
sparita. Come tutti noi sparimmo
gli uni agli altri, negli attimi che il lampo
ravvicinato impiega a strattonare
il suo tuono al guinzaglio.

For hours I have endured on the top
of the overloaded truck in tricky balance.
It seemed taking us towards salvation
like the Ark, going away
on illegible tracks.
Up there I dream'd of lands
well turned by the swallows,
by the free song of more colorful birds.
Alas, before the Flood
in open sea, only barks
weaken'd my heart and brays
of donkeys at the halter.

Per ore in un difficile equilibrio
ho resistito in cima all'autocarro,
colmo all'inverosimile. Sembrava
portarci alla salvezza come l'Arca,
su una pista illeggibile di sabbia.
Lassù fantasticavo di paesi
torniti dalle rondini, dal canto
libero di altri uccelli variopinti.
Ma, prima del Diluvio in mare aperto,
solo latrati il cuore hanno fiaccato
e ragli di somaro alla cavezza.

Now, after all that noise,
everything comes together in whole silence.
My only regret, muscles tens'd before
they loosen'd up on roughly a hundred meters
of red track on that pitch
in the Kaduna's outskirts.
My skin, now hard and flexible,
competes with the scales of a sea bass.

Dopo tanto rumore
tutto si ricompone nel silenzio.
Rimpiango solo i muscoli
tesi prima di sciogliersi sui cento
metri di pista rossa, mal contati,
sul campetto ai bordi di Kaduna.
Ora la pelle, elastica e compatta,
concorre con le squame di un branzino.

Solid, along that dusty road (and someone
had a sack or a rug), moved the horde
sorrowful and unarmed.
No pact guided us to promised lands.
The truck, amid the column, did not carry
the Ark, no covenant. For us it was
just a mere reference to the calm exodus,
paid at the price of our houses in Syria
bombed, with no more water,
in the name of a God that could not see,
if it makes any sense the high commandment:
you should not take his name in vain. But, Lord,
look at my hand clutching the raft. The salt
erodes me. Maybe too high we looked,
and the way is down here.

Compatta sulla strada polverosa,
qualcuno aveva un sacco o un tappeto,
muoveva l'adunata
mesta e disarmata.
Non ci guidava un patto
sulla terra futura.
Sull'autocarro in mezzo alla colonna
non c'era l'arca, non c'era alleanza.
Per noi rappresentava
solo un riferimento occasionale
all'esodo composto,
pagato al prezzo delle nostre case,
in Siria, bombardate,
senza acqua, nel nome
di un dio che non poteva
guardare, se ha un senso
l'alto comandamento:
non nominarlo invano.
Signore, però, vedi la mia mano
che si aggrappa al canotto.
Il sale mi corrode.
Forse abbiamo guardato troppo in alto
e il varco è là sotto.

We ran away from the siege of Damascus
with children by the hand,
my father on my shoulders
(but he was not Anchises).
The boat that took us on carried aboard
more than six hundred people, few from Syria.
It capsiz'd off the Egypt's coast. Right then
I realiz'd that there was
no Fate in store for me,
I was not designated. But it's time
to let a new civilisation flourish.

Fuggimmo dall'assedio di Damasco
coi bambini per mano,
mio padre sulle spalle
(ma non era Anchise).
La barca che ci accolse ne portava
più di seicento, pochi dalla Siria.
Si capovolse al largo dell'Egitto.
Fu solo allora che mi resi conto
che non c'era alcun Fato a sostenermi,
non ero designato. Eppure è tempo
che fiorisca una nuova civiltà.

Some time ago
I us'd to be an occlusion in the sparkling
prisms of your dissipation. They were sequins:
clear'd of defects it is pure light the diamond
that now encloses me.

Prima rappresentavo un'occlusione
nei prismi scintillanti della vostra
dissipazione. Erano paillettes:
mondato dai difetti è pura luce
il diamante che adesso mi racchiude.

Over there even the sidewalks are foreign,
- rumors reported – they are made for people
liberated from dust.
But I persisted in feeling myself
a man: I want to sail before the wind,
when the suspended time
in the Libyan detention camp is over.
I miss a place to leave from and come back.

Di là anche i marciapiedi sono estranei,
- riportavano voci - sono fatti
per gente emancipata dalla polvere.
Ma io insistevo nel sentirmi uomo:
voglio salpare con il vento in poppa
fino all'approdo, al termine del tempo
sospeso giù nel campo
di detenzione in Libia. Ora mi manca
un posto da cui andare e ritornare.

Identity

Even the hungry dogs, although they sniff
blood and trash, keep away
from our detention's camp.
I was releas'd only when, with my ankle
shattered into pieces,
I could be of no use and had no money.
Those who survive the trap
in Lybia, have no more words upon release.
But the children can draw. I've seen a sketch
in a newspaper: there is a palm tree,
a guy on a camel with a Kalashnikov;
another one, who has tested his weapon
by firing at a migrant, holding four
figures at gunpoint, asking
for money.
                    I have cropped
the image and I keep it as a document
of my current identity.

Identità

Sebbene sangue fiutino e immondizia
perfino i cani stanno alla larga
dal campo della nostra detenzione.
Mi hanno lasciato andare solo quando
con la caviglia a pezzi non potevo
servire a nulla e non avevo un soldo.
Alla trappola in Libia, se si esce,
chi sopravvive non ha più parole.
Ma i bambini disegnano. Ne ho visto
uno su un giornale: c'è una palma,
un tale sul cammello col kalashnikov,
un altro che ha testato la sua arma
uccidendo un migrante e tiene in scacco
quattro figure con le braccia alzate,
richiedendo denaro.
                          Ho ritagliato
l'immagine e la tengo a documento
della mia attuale identità.

The snake

They saw me crawling,
the Libyan metal shack
was open but I could not worm in 'cause
of the beating. Beyond
the sea I found my father
again. The violence is now a dry slough.
The snake too has a privilege:
it discards its old skin and is reborn.

Il serpente

Mi hanno visto strisciare, la baracca
di lamiera, in Libia, era aperta
ma non riuscivo a entrare per le botte.
Di là dal mare ho ritrovato il padre
e la violenza ormai è una spoglia secca.
Possiede anche il serpente un privilegio:
lascia la vecchia pelle e si rigenera.

Shanti goes back home

In the park ever more
disus'd I run the faded
merry-go-round, fourteen tokens five euro.
Vittorio's square in Rome
is a name which evokes meetings of cultures.
I do not question whether this has happen'd.
I 've taken stock and I see my life rusting,
like the foliage around me.
My relatives in Sri Lanka tell me
the hotel on the beach
is almost ready, with the palm trees bowing
before the ocean's majesty.
My name means serene, balanced. Deep inside
I do not know the word that joins together
return and pain, nostalgia.
I do tend toward harmony.

Shanti torna a casa

Dentro al giardino sempre più in disarmo
governo le giostrine scolorite,
quattordici gettoni cinque euro.
Piazza Vittorio a Roma adesso è un nome
che evoca incontri di culture.
Non discuto se questo sia avvenuto.
Ho fatto i conti e vedo la mia vita,
come il fogliame attorno, arrugginita.
Dallo Sri Lanka i miei parenti dicono
quasi pronto l'albergo sulla spiaggia
con le palme da cocco che si inchinano
al maestoso Oceano. Il mio nome
significa sereno, equilibrato.
Non conosco nel cuore la parola
che coniuga il ritorno e il dolore,
nostalgia. Per me tendo all'armonia.

The pediatrician's practice

The pediatrician's practice is a small
rectangle in a building
with the Savoyard porticoes embracing
Vittorio's square in Rome. The meek beard beckons
the little patients clinging to their mothers,
faces congested, noses
running and dubious eyes,
to enter. In two hours
the multiethnic people
residing in the ward
will have passed by. Seasonal
ailments and proven therapies,
in children the roots speak of the desire
to stay. I do know few
places so dense of future.

Lo studio del pediatra

Lo studio del pediatra di famiglia
è un rettangolino in un palazzo
coi portici sabaudi che abbracciano
piazza Vittorio a Roma. La barbetta
mite fa cenno ai piccoli pazienti
di entrare, abbarbicati sulle mamme,
col mòcciolo che cola, le faccette
costipate e gli occhi dubitanti.
In un paio d'ore, quanto dura il turno,
sfilano le etnie più variegate
che sono residenti nel Rione.
Malanni di stagione,
terapie collaudate,
nei figli le radici
che dicono la voglia di restare.
Conosco pochi posti
più densi di futuro.

Don Léon

In the name of Albert Schweitzer,
respect for life, reconciliation

My grandparents had heard
about the doctor with the moustache playing
a strange piano with pedals
in a sort of home-hospital
overlooking the river in the forest.
I am an African Catholic priest.
Tonight at home, in Tuscany,
I've listened and gathered
information (that doctor,
they called him Oganga,
white sorcerer): a tear
slipped from me. I came
priest from a hungry 'nd bloody land. I have
the fiber to carve words.
I am used to preaching
respect, reconciliation
to proud and lucky men.
I've doubted to become a clever missionary
in an upside-down world.

Don Léon

Nel nome di Albert Schweitzer,
rispetto per la vita, conciliazione

I miei nonni sentirono parlare
del dottore coi baffi che suonava
un pianoforte strano coi pedali
in una specie di casa-ospedale
nella foresta, affacciata sul fiume.
Sono un prete cattolico africano.
Questa sera in canonica, in Toscana,
ho ascoltato e mi son documentato
(lo chiamavano Oganga quel dottore,
stregone bianco) e mi è capitata
una lacrima. Venni sacerdote
da una terra affamata e insanguinata,
ho tempra per scolpire la parola.
Predico rispetto e conciliazione
tra uomini superbi e fortunati.
Ho dubitato di poter riuscire
missionario in un mondo rovesciato.

Dialogue

«At home the soggy millet's
bowls barely fed us
But a motorcycle gurgling on the packed
earth was enough to stir, behind the huts,
the curious, weightless legs,
of children, a small swarm».

«In our well-built cities, stocked with everything
and disappointing, the disquiet feeds
on satiety. They
are deserted by grace».

Dialogo

«A casa le scodelle con il miglio
molliccio ci sfamavano a pena.
Ma una motocicletta gorgogliava
sulla terra battuta e già bastava
a stuzzicare, dietro le capanne,
le gambe incuriosite dei bambini,
leggere leggere, un piccolo sciame».

«Nelle nostre città ben costruite,
rifornite di tutto e inappaganti,
di sazietà si nutre l'inquietudine.
Sono disabitate dalla grazia».

The homecoming of the cory's shearwaters

Crouched in the dark bush
at sunset in San Dòmino
I listen'd to the homecoming
of the cory's shearwaters
mourning Diomedes, the greek hero buried
inside a hollow rock
on the opposite San Nicola's island.
From the Tremiti islands to Linosa,
Lampedusa, the cliff of Lampione,
those birds return to their nests, after fishing
offshore all day, and they
sing the desire to mate,
and hatch or feed the chicks.
It is an outcry similar
to the wailings of flocks of newborns: moans
ambiguous and disquieting.
To the children, to their free gaze, the waters
of this unbounded graveyard
will entrust the epicedium
and a song of rebirth.

Il ritorno delle diomedee

Accovacciato dentro la boscaglia
nell'ora del tramonto a San Dòmino
ascoltavo il ritorno delle berte,
le diomedee che piangono l'eroe
Diomede seppellito in una roccia
cava della vicina San Nicola.
Dalle isole Tremiti a Linosa,
Lampedusa, lo scoglio di Lampione
le diomedee rientrano ai nidi
dopo un giorno di pesca in mare aperto
cantando il desiderio di accoppiarsi,
e covano o nutrono i pulcini.
È un vociare simile ai vagiti
di stuoli di neonati. Sono gemiti
ambigui e inquietanti. Ai bambini,
al loro sguardo libero le acque
di un cimitero immenso affideranno
l'epicedio e un canto di rinascita.

Credit

The Italian poems of the section entitled *The dark night of the soul -Mediterranean, migrants*, are published here courtesy of La Vita Felice.

Contents